AF410923

RÉFLEXIONS GÉNÉRALES

SUR

LE MODE D'ENSEIGNEMENT

SUIVI

A L'ÉCOLE POLYTECHNIQUE;

par **A. LAURENT**,

CAPITAINE DU GÉNIE.

PARIS,

IMPRIMERIE ADMINISTRATIVE DE PAUL DUPONT,

Rue de Grenelle Saint-Honoré, 55.

1849

Paris, Paul Dupont.

RÉFLEXIONS GÉNÉRALES

SUR

LE MODE D'ENSEIGNEMENT

SUIVI

A L'ÉCOLE POLYTECHNIQUE.

Je me propose de signaler ici les vices de l'enseignement dans les écoles du gouvernement et à l'École polytechnique en particulier, tels que j'ai eu occasion de les remarquer dans le cours de ma carrière, et j'indiquerai les moyens qui me semblent les plus convenables pour les faire disparaître. Les observations que je présente ne s'appliquent sans doute pas, en toute rigueur, aux sujets d'élite dont les promotions les plus nombreuses à l'École polytechnique ne contiennent tout au plus qu'une vingtaine, et à l'égard desquels les défauts les plus graves dans l'enseignement se réduisent à de très-minces proportions; je veux plaider, au contraire, la cause de ces capacités secondaires dont le nombre a une si grande influence sur la *capacité moyenne* des agents dans chaque service.

Les réflexions sur lesquelles j'insisterai
de préférence pourront paraître futiles à
quelques esprits; mais j'en appelle à l'expérience des anciens élèves de l'École dissé-
minés dans les divers services, au souvenir
de ceux qui voudront bien se reporter aux
premières années qui ont suivi leur sortie
des écoles, en les priant de vouloir bien se
rappeler le nombre et la nature des difficultés contre lesquelles ils ont eu à lutter,
dès leur début dans la vie publique, et inhérentes en grande partie à leur instruc-
tion, incomplète à quelques égards. Du
reste, j'éviterai, dès à présent, la peine de
me lire, à ceux qui méprisent les petites
choses, les misères de la réalité; en les pré-
venant que le reproche le plus sérieux que
j'adresse à l'enseignement de l'École polytechnique est précisément de dédaigner par
trop ces misères, ces petites choses.

A sa sortie de telle ou telle école d'application, l'ancien élève de l'École polytechnique se trouve appelé, le plus souvent tout
à coup, à diriger des écrivains, des comp-
tables ou des calculateurs, des dessinateurs,
des sous-officiers, des conducteurs ou des
gardes rompus au métrage et aux tracés

sur le terrain, ou ayant déjà acquis une expérience précieuse des travaux, etc.

Pour donner au commandement toute son autorité, il faudrait que le défaut d'expérience, qui me paraît presque inévitable, fût au moins compensé par une supériorité, incontestable aux yeux des agents subalternes eux-mêmes, dans les connaissances dont dépendent les fonctions individuelles de chacun d'eux. Or, non-seulement dans mon arme, mais aussi dans les autres services, ainsi que je l'ai souvent remarqué, c'est précisément le contraire qui a lieu neuf fois sur dix. L'écriture même de l'ancien élève est parfois indéchiffrable; le plus souvent, ses exercices dans les écoles n'ont que très-peu développé l'aptitude aux calculs numériques dont il a dû faire preuve dans le calcul d'un triangle à son examen d'admission; presque toujours il dessine moins bien le plan et le lavis que ses inférieurs; il connaît parfaitement, il est vrai, les beaux théorèmes de la science relatifs au cubage des corps, mais en revanche il est souvent embarrassé lorsqu'il s'agit du métré le plus simple à relever sur le terrain et à inscrire au registre de comptabilité, etc.

Cette infériorité à l'égard des agents subalternes, dont je viens d'esquisser le tableau, n'est souvent, malheureusement, que trop réelle et entraîne les conséquences les plus fâcheuses. On y trouve l'explication de ces prétentions dans les échelons inférieurs des hiérarchies, dont je ne veux pas discuter le principe, mais dont, dans l'intérêt des agents inférieurs eux-mêmes, on ne peut s'empêcher de déplorer l'exagération.

Qu'on se rappelle, par exemple, la pétition des écrivains de l'Intendance militaire au gouvernement provisoire et les termes dans lesquels elle était rédigée, on ne tardera pas à reconnaître qu'il n'est pas aussi ridicule que cela peut le paraître au premier abord, de désirer que MM. les intendants puissent, au besoin, dresser leurs expéditions de leur propre main.

En général, les individus qui se croient indispensables sont la plaie des services publics. Mais lorsqu'en outre la nécessité est réelle, la plaie dégénère en *cancer* et les services deviennent tout au moins boiteux. Dans un service bien organisé, chaque individu ne doit être qu'un rouage destiné à économiser le temps de l'individu immédiatement supérieur ; il faut que l'on sache, en faisant au moins aussi bien, sinon mieux, se passer complétement, au besoin, de l'inférieur, et que ce ne soit qu'une question de temps; que l'on sache, par exemple, tenir un registre de comptabilité et non pas seulement comment il doit être tenu ; que l'on sache dessiner et lever convenablement un plan, sans se contenter de savoir apprécier si un plan est bien dessiné, etc. Or, la grande masse des agents des services publics est bien plus loin de satisfaire à ces conditions qu'on ne le pense. C'est ainsi que l'on voit tous les jours, par exemple, des ingénieurs apposer leur signature à des plans ou plutôt à des copies admirables, qu'ils seraient incapables de dessiner aussi parfaitement. Si, dans certains services, cela se pratique contrairement aux prescriptions réglementaires, il en est d'autres où, pour rendre la chose plus commode, on l'érige en principe.

On paraît n'avoir que très-peu songé à la nécessité impérieuse de rattacher le commandement, dans les services publics, à une supériorité incontestable et qui ressorte, jusque dans ses moindres détails, sur ceux que l'on est appelé à diriger. Loin de là, il semblerait, au contraire, que l'on a pris à tâche, dans plusieurs cas, de placer le chef dans des circonstances matérielles qui transforment une supériorité, qui peut être réelle, en une infériorité au moins apparente à l'égard des subalternes. Un exemple ne sera pas de trop ici pour faire voir quelle large part les petites causes ont parfois dans les effets les plus désastreux.

Dans mon arme, sous prétexte de pouvoir plier les plans et dessins sous un même format, on nous impose un papier à dessin qui se fatigue facilement. Or, un dessin de fortification, avant d'être passé à l'encre et lavé, exige quelquefois plusieurs mois de travail ; le papier, naturellement médiocre, est alors éraillé, le trait n'est plus net, et, quelque habileté qu'on y apporte, il devient presque impossible, même à l'aide des palliatifs en usage, de fondre convenablement les teintes. Qu'en résulte-t-il ? Le dessin fini est remis au garde du génie pour en faire la copie ; ce dernier, affranchi de la longueur des études du projet proprement dit, ne consacre à ce travail que quelques jours et souvent même quelques heures : son papier est alors encore frais, et, pour peu qu'il y apporte d'attention, son dessin est, par la force des choses, mieux fait que celui de l'officier. Le garde du génie, ne faisant ordinairement que très-imparfaitement la part de la différence des circonstances, en arrive à en conclure qu'il dessine mieux que l'officier, et le commandement se trouve ainsi dépouillé, au moins en partie, du prestige qui devrait en être inséparable.

Dans le cas que je viens de citer, l'autorité du commandement se trouve sacrifiée à une convenance d'archiviste; mais je pourrais citer une foule d'exemples où il en est encore de même à l'égard de convenances beaucoup moins sérieuses. C'est ainsi que, lorsqu'il serait si facile de l'éviter, l'on contribue à développer dans toute une classe d'individus ce sentiment de l'injustice de l'État ou de la société à leur égard, qui, motivé ou non, tient toujours le premier rang parmi les causes diverses des commotions sociales.

Qu'on ne le perde pas de vue; s'il peut être convenable de s'opposer à l'avénement direct de la médiocrité dans les services publics, il n'est pas moins indispensable de

ne pas le laisser percer sous une forme dis-
simulée. Il faut, ainsi que je l'ai dit et ainsi
que je ne saurais trop le répéter, que les
agens subalternes reconnaissent en celui
qui les dirige une supériorité incontestable
dans les connaissances restreintes dont dépendent les fonctions de chacun d'eux. Or,
on ne peut le nier, l'éducation profession-
nelle dans les écoles du gouvernement laisse
encore considérablement à désirer sous ce
rapport. Après avoir passé par l'École polytechnique et ensuite par une école d'application, on n'est pas encore apte à rendre
à l'État tous les services qu'il est en droit
d'exiger; il reste un complément d'instruc-
tion à acquérir, complément que, par le
fait, on va chercher aujourd'hui en partie
auprès de ceux auxquels on devrait n'avoir
qu'à enseigner. Moi-même, je ne crois pas
déroger à ma dignité en l'avouant humble-
ment, j'ai acquis auprès des entrepreneurs
ou de leurs commis, auprès des gardes du
génie sous mes ordres, et le plus souvent
encore auprès de simples ouvriers, des connaissances dont, dans les écoles, on ne m'a
pas dit un seul mot. S'il y a certaines choses
que l'on ne peut apprendre que par l'exer-

cice même de telles et telles fonctions, il en est d'autres que l'on pourrait fort bien apprendre dans les écoles, et l'on commet la faute la plus grave en ne leur donnant pas, dans l'enseignement, dès le principe, l'importance réelle qu'elles ont dans la vie publique.

L'enseignement, à l'École polytechnique, paraît avoir été fixé par d'autres considérations dont, je l'avoue, je n'ai jamais pu apprécier convenablement la valeur. Loin de reconnaître cet enseignement irréprochable, je n'ai trouvé, en poursuivant ma carrière, que des motifs de critique; non pas sous le rapport scientifique, mais sous le rapport de cette espèce de dédain des détails qu'on n'y inculque sans doute pas aux élèves, mais que l'on ne cherche pas suffisamment à combattre dans leur esprit. Il est vrai que si l'on voulait couper le mal à sa racine, ce n'est pas à l'École polytechnique qu'il faudrait l'aller chercher, mais bien dans l'enseignement élémentaire lui-même. Les élèves arrivent aujourd'hui à l'école avec des idées très-fausses sur la nature et sur la valeur relative des connaissances dont ils sentiront plus tard le besoin journalier, et si le reproche que l'on adresse à l'enseignement universitaire, de n'être pas suffisamment à la hauteur des exigences de la vie réelle, pouvait être fondé, ce serait principalement, à mon avis, à l'égard de l'enseignement élémentaire des sciences. Il ne suffit pas d'introduire la géométrie dans le programme du baccalauréat ; il faudrait, en outre, qu'en sortant de leur examen, les bacheliers ne fussent pas réduits à demander encore à quoi la géométrie peut servir. S'il convient de déterminer par un programme ce que l'on doit enseigner dans un collège, il n'est pas moins indispensable de préciser comment on devra l'enseigner. Je me suis toujours promis, si je devais enseigner un jour la géométrie élémentaire, par exemple, d'y joindre, dès le principe, une foule d'applications intéressantes à la portée des élèves, et qui, en rendant les vérités abstraites plus palpables, les graveraient plus profondément dans l'esprit. Je suis convaincu que la semence, ainsi répandue, ne tarderait pas à germer, et que la science elle-même en recueillerait bientôt le fruit.

C'est une erreur grave de supposer que

les études pratiques n'exigent aucune pré-
paration, et que l'on peut, sans inconvénient, les reléguer presque en entier aux
écoles d'application. Loin de là, on donne
ainsi aux élèves, sans le vouloir, une prédilection marquée pour les études abstraites. qui se traduit plus tard par les effets
les plus regrettables, en les conduisant à
se laisser surpasser, par leurs inférieurs,
dans les détails. Pour peindre par un trait
particulier la disposition trop générale des
élèves de l'école sous ce rapport, je rappel-
lerai que ma promotion a vu deux habiles
professeurs de physique, l'un et l'autre
aujourd'hui membres de l'Institut, venir
échouer successivement contre le reproche
que nous leur adressions de n'être pas suffisamment *analystes!* C'est cette tendance
de l'esprit des élèves vers les abstractions
que l'on devrait s'attacher à combattre par
tous les moyens et dès le premier jour.
Pour faire sentir combien l'enseignement
à l'école laisse à désirer à cet égard, que
l'on me permette encore ici le récit de ce
qui se passait lorsque j'étais sur les bancs.

Dans le cours de géométrie descriptive, on
nous disait, il est vrai, : « Faites telle ou telle

« construction ; si vous opérez bien, vous
« rencontrerez telle ou telle vérification ; »
mais jamais je n'ai entendu tomber des lè-
vres du professeur une parole qui indiquât
la meilleure voie à suivre pour arriver à la
réalisation matérielle de la vérification dont
il s'agissait. Cependant, l'exactitude d'un
dessin linéaire ne dépend pas uniquement
de l'habileté manuelle de celui qui tient
l'équerre et le compas ; il y a un choix à
faire entre divers procédés également ri-
goureux en théorie ; l'ordre des constructions successives n'est pas indifférent, etc.
Le dessin géométral peut être ramené à
un certain nombre de principes tels, qu'en
s'y conformant scrupuleusement, on s'af-
franchit, sinon complétement, au moins en
grande partie, du défaut d'habileté individuelle. L'étude de ces principes est très-
digne de fixer l'attention, non-seulement
des géomètres, mais aussi des analystes ;
elle embrasse parfois des questions très-
délicates de probabilités, analogues à celles
que l'on rencontre dans la discussion des
méthodes géodésiques. Pour me faire mieux
comprendre, je citerai le principe le plus

simple, celui relatif à l'*accumulation des er-*
reurs. Tout procédé graphique dans lequel
les erreurs *peuvent* s'accumuler est vicieux ;
lorsque l'accumulation est *certaine*, le procédé doit être complétement écarté. On en
a un exemple dans la division des lignes :
si, voulant diviser une ligne en centimè-
tres, on se borne à porter une ouverture
de compas d'un centimètre plusieurs fois
de suite sur la ligne, l'accumulation des
erreurs, résultant de l'erreur première,
commise en relevant le centimètre sur l'é-
chelle, est certaine.

Ces misères, dira-t-on, sont plus spécialement de la compétence du professeur de
travaux graphiques, proprement dit ; mais
c'est ici que commencent les impossibilités.
Si, pour décrire les meilleurs procédés
pratiques, l'on devait s'en tenir à l'enseignement individuel, il faudrait, dans une
promotion de cent trente élèves, consacrer
plus de vingt heures, tout en n'accordant
que dix minutes à chaque élève, à expliquer la disposition générale la plus convenable de tel ou tel dessin considéré dans
son ensemble, et l'on ne pourrait pas son-

ger à entrer dans les nombreux détails
dont la connaissance constitue le bon des-
sinateur.

Si, au contraire, on voulait abréger en
donnant collectivement les conseils généraux aux élèves réunis à l'amphithéâtre
uniquement dans ce but, on viendrait in-
dubitablement se heurter contre ce dédain
des *minuties* dont j'ai parlé, et, à coup sûr,
le professeur ne serait que peu ou point
écouté, ainsi que l'expérience l'a amplement prouvé, comme on va le voir.

Lorsque nous arrivions à Metz, à l'école
d'application, le vénérable professeur de
topographie nous réunissait à l'amphithéâtre dès le premier jour ; mais ce n'é-
tait plus pour nous initier à quelque nou-
veau mystère de la nature ; ce n'était pas
pour nous entretenir des lois de Képler ou
des ondulations lumineuses, mais seulement pour décrire le meilleur procédé
pour tailler une plume, et la manière la
plus convenable de la tenir dans les doigts.
Il nous indiquait ensuite comment il faut
s'y prendre pour tracer nettement un simple trait, *un bâton*, et notre premier exercice consistait à couvrir ainsi de *bâtons*

quelques feuilles de papier. Ceux qui voudront bien se rappeler cette époque reconnaîtront, j'en suis sûr, que nous n'écoutions que fort peu notre professeur, et qu'entre nous ses observations et ses conseils n'étaient accueillis qu'avec des plaisanteries et des quolibets. Aussi a-t-on fini, je crois, par supprimer ces leçons préliminaires, qui ne manquaient cependant pas d'utilité dans l'état où se trouvait alors l'enseignement des travaux graphiques à l'École polytechnique.

Le professeur de fortification permanente, qui, lui aussi, avait à déplorer l'absence, chez les élèves, de connaissances en travaux graphiques, indispensables pour suivre son cours avec fruit, s'y prenait tout autrement, et obtenait un résultat bien différent. Il commençait par captiver notre attention, tantôt par l'exposé des procédés géométriques de la méthode des plans cotés, entièrement nouvelle pour nous à cette époque, tantôt par un récit intéressant des difficultés que rencontraient les anciens ingénieurs, etc., et il joignait à chaque leçon, sous forme incidente et succincte, les conseils généraux nécessaires pour réaliser convenablement, sur le papier, les constructions qu'il venait de crayonner sur le tableau. De cette façon, la transition des considérations théoriques aux nombreux détails de la pratique ne froissait plus l'esprit des élèves, et le résultat obtenu était excellent. Tout en faisant largement la part de la grande habileté du professeur, on ne peut disconvenir que cette manière de procéder ne fut la meilleure et même la seule praticable ; c'est pour cela que je voudrais la voir adopter à l'École polytechnique.

Ainsi, il faudrait que le professeur de géométrie descriptive vînt en aide au professeur de travaux graphiques, en ne dédaignant pas de joindre à ses leçons une discussion des meilleurs procédés manuels à mettre en usage dans les diverses constructions d'une épure. Il aurait mille moyens de se faire écouter convenablement des élèves ; qu'il appelle leur attention sur le degré de *précision numérique* que l'on peut espérer atteindre dans le dessin linéaire, il se trouvera conduit par là à examiner l'influence possible des diverses causes d'erreurs, telles que l'épaisseur des traits,

les défauts des instruments, règles, équer-
res, etc., la forme toujours plus ou moins
courbe de la planchette et du carton sur
lequel on dessine, et enfin les causes d'erreur inhérentes à l'inhabileté individuelle.
Sans entrer dans des considérations au-
dessus de la portée des élèves, il lui sera
possible de leur faire comprendre que
cette discussion est très-digne de fixer leur
attention. Non-seulement il facilitera par
là le maniement de l'équerre et du compas
aux élèves peu exercés, en leur enseignant
à éluder une grande partie des difficultés,
mais il comblera en outre une lacune dans
l'enseignement. Je n'admets pas que l'éducation d'un ingénieur soit complète, s'il ne
sait pas apprécier, par des principes certains, le degré de précision qu'il peut atteindre dans tel ou tel dessin géométral,
ou avec quel degré d'approximation il
peut, à l'aide de la règle et du compas,
extraire une racine carrée, par exemple, la
longueur de l'unité étant donnée. J'ai de
fortes raisons pour croire que c'est à l'absence de toute appréciation convenable de
ce genre que l'on doit imputer les mé-
comptes qu'ont éprouvés quelquefois les

officiers de génie dans l'exécution *littérale*
des plans cotés combinés dans le cabinet,
plutôt qu'à des erreurs dans les levers faits
par les plus habiles topographes.

Ce n'est pas sans motif que j'insiste sur
ces considérations.

Lorsqu'on remarque les résultats sur-
prenants que l'on obtient depuis quelques
années dans les écoles régimentaires de
l'artillerie et du génie, on est porté à
douter que ce soit une *modification* dans
l'enseignement du dessin géométral à l'École
polytechnique qu'il convient de réclamer,
et à penser qu'il faudrait plutôt demander
avant tout qu'on voulût seulement l'*enseigner*. Mais en examinant la chose de plus
près, on reconnaîtra que s'il est vrai qu'un
élève de l'École doit pouvoir apprendre non-
seulement aussi bien mais même beaucoup
mieux qu'apprennent les sous-officiers et les
gardes, il n'est pas moins vrai, d'un autre
côté, qu'il est bien plus difficile de le lui
enseigner. Dans nos écoles régimentaires,
on ne rencontre pas les difficultés tenant
au grand nombre des élèves, ni celles beaucoup plus sérieuses, inhérentes au dégoût
de la plupart d'entre eux pour les exer-

cices pratiques provenant en grande partie
de la prédilection pour les études abstraites qui est la conséquence de la fausse direction, aujourd'hui inévitable, imprimée
dans les colléges et dans les écoles prépa-
ratoires aux études élémentaires elles-mê-
mes. Du jour où le soldat commence à apprendre à lire jusqu'à celui où il peut être
appelé à subir un examen pour être reçu
garde du génie, l'enseignement, très-varié
du reste, est constamment dirigé vers un
but bien arrêté et bien déterminé. Il en résulte, quelque pénible que ce soit à avouer,
que le garde du génie est souvent, toute
proportion conservée, mieux préparé à
remplir les fonctions qu'on lui destine que
ne l'est l'officier.

L'art des projections était pratiqué depuis longtemps par les appareilleurs et par
les charpentiers, lorsque Monge y décou-
vrit une véritable méthode scientifique propre à la recherche ou à la démonstration
des vérités géométriques et à laquelle il
donna le nom de *géométrie descriptive.*
Mais, il ne faut pas se le dissimuler, l'ingénieur sorti des écoles n'a que très-rarement
occasion, dans le cours de son service, de se

livrer à la recherche de vérités géométriques nouvelles; il n'emploie, dans les constructions qu'il dirige que des courbes ou
des surfaces dont les propriétés lui sont
déjà suffisamment connues; il lui importe
peu de savoir parcourir toutes les voies
qu'aurait pu suivre l'esprit humain pour
arriver à la connaissance de telles ou telles
vérités géométriques; du moment où en
suivant l'une quelconque de ces voies, il
s'est rendu ces vérités familières, ce qui lui
importe le plus c'est une connaissance ap-
profondie des meilleurs moyens d'en tirer
parti dans l'exercice de son art. Cela est
si vrai que lorsque les ingénieurs y trouvent quelque avantage, ils n'hésitent
pas à abandonner même complétement
la méthode des projections sur deux
plans rectangulaires tant préconisée par
Monge, pour recourir à la méthode
des plans cotés ou à d'autres méthodes encore. Ceux qui accusent d'ineptie et d'igno-
rance la direction donnée aux études de
l'école de Mézières où, au moment où la
géométrie descriptive existait de fait il était
prescrit à Monge lui-même de ne démontrer les vérités géométriques abstraites

qu'à l'aide du calcul, ceux-là, dis-je, n'ont
jamais à coup sûr pratiqué l'art des constructions. On doit voir au contraire dans
cette prescription, dont du reste je ne pré-
tends nullement justifier le caractère trop
exclusif, le désir que l'on avait à cette époque de ne donner à la géométrie descriptive, dans l'enseignement destiné aux ingénieurs, que le seul but qu'elle aura plus
tard dans l'exercice de leur profession. A en
croire les termes d'un article du *Moniteur*,
ce serait à ce but primitif que l'on n'aurait
pas dû perdre insensiblement de vue à
l'École polytechnique, que l'on semblerait
disposé à revenir, en écartant toute la partie théorique des cours, qui serait ajoutée
au programme des connaissances exigées
pour l'admission à l'École. A mon avis, on
se trompe à cet égard ; on ne fera par là
que donner une plus large part à l'influence
des professeurs et agrégés de l'Université,
qui, théoriciens par excellence, sont peu
propres à préparer les élèves aux études
pratiques. Loin de vouloir élargir sans
cesse le cadre des connaissances exigées à
l'admission, il me semblerait convenable
au contraire de le resserrer de plus en plus.

quitte, s'il le fallait, à abaisser la limite de l'âge et à prolonger le séjour des élèves dans les écoles professionnelles.

J'admettrai, si on le veut, que l'on réduise le cours de géométrie descriptive à l'application aux ombres, à la perspective, à la coupe des pierres et à la charpente; je supposerai même que les élèves arrivent à l'École avec des connaissances suffisantes pour n'avoir pas à s'arrêter aux difficultés matérielles du dessin; il n'en restera pas moins ample matière à critique dans les détails de l'enseignement actuel. Je prends pour exemple la coupe des pierres.

Il n'y a pas dans les écoles d'application, à ma connaissance, d'exercice spécialement destiné à la coupe des pierres, et les ingénieurs qui débutent dans les services sont appelés à dessiner des appareils d'exécution d'après les seules notions acquises à cet égard à l'École polytechnique. Il faudrait donc qu'à cette école les épures relatives à la coupe des pierres fussent de véritables dessins d'exécution complets en toutes leurs parties. Il ne faudrait plus permettre aux élèves de choisir arbitrairement les données de la question qu'ils veulent

traiter, données qu'ils se fixent toujours
d'après de simples convenances de dessin,
de manière à faciliter leur travail le plus
possible, et seulement en vue de la question
purement géométrique qu'ils ont à résou-
dre. Dans la pratique, la partie géométrique de l'épure est souvent la moins importante, et il y a généralement au contraire
une foule de conditions accessoires qui sont
autant de difficultés contre lesquelles le
jeune ingénieur a à lutter. Ainsi, les dimensions des pierres sont limitées à l'a-
vance, tantôt par les difficultés de la pose,
tantôt par l'épaisseur des bancs dans les
carrières, par le mode d'extraction et souvent encore par les moyens de transport,
tant dans le sens vertical que dans le sens
horizontal en usage dans le pays ; d'autres
fois, la mauvaise qualité de la pierre oblige
à renoncer à tel ou tel appareil en raison
de la sujétion nouvelle de n'admettre que
des angles obtus ou s'écartant moins de
l'angle droit qu'on pourrait l'admettre dans
d'autres cas; dans les constructions, on
vient toujours se heurter contre une question de chiffres et de prix qui peut con-
duire à rejeter complétement tel appareil

irréprochable sous tout autre rapport, etc.
En un mot les problèmes de la coupe des
pierres que l'on résout à l'École polytechnique sont purement géométriques, tandis
que dans la pratique ils présentent toujours
un tout autre caractère. Il en résulte que
lorsque l'ingénieur encore inexpérimenté
remet son épure à l'appareilleur, ce dernier
est presque toujours obligé de réclamer des
modifications radicales et même de présenter un contre-projet qui ne contient plus,
parfois, de traces du projet primitif. On
ferait disparaître cet inconvénient en
grande partie si, au lieu de se borner à l'é-
tude des procédés géométriques seuls, on
exerçait fréquemment en outre les élèves
*au choix de l'appareil le plus convenable
satisfaisant à des conditions données,*
telles que les conditions architecturales,
celles dépendant de la main-d'œuvre, du
déchet, etc. Pour cela, il suffirait d'introduire dans l'enseignement la coutume des
projets ; on demanderait à l'élève un projet
d'appareil complet, comme on lui deman-
dera plus tard dans les écoles d'application
un projet de bâtiment ou de machine. Ces
quelques observations suffisent au but que

je me propose ici, et je passe à l'examen d'une autre branche de l'enseignement.

J'ai toujours été péniblement frappé du grand nombre d'ingénieurs, tant militaires que des ponts et chaussées, qui semblent s'être imposé l'oubli le plus absolu qu'ils ont à leur disposition *deux* instruments, le dessin géométral et le calcul. Si on le veut, je ne parlerai même pas du calcul infinitésimal, et je restreindrai cette observation aux calculs les plus simples de l'algèbre. A l'École polytechnique les calculs absorbent, soit directement, soit indirectement la majeure partie de l'attention des élèves ; mais on dirait qu'à leur sortie de l'École il se fait une espèce de réaction en faveur des travaux graphiques, et dans laquelle les calculs, même les plus simples, se trouvent complétement sacrifiés. Cet effet est facile à expliquer, car il est la conséquence inévitable des défauts de l'enseignement que j'ai déjà signalés.

L'élève reconnaît tôt ou tard que le calcul infinitésimal, dont l'étude lui a coûté tant de peines, ne lui est pas d'une nécessité journalière, et qu'en revanche, il a besoin à chaque instant d'une foule de connaissances beaucoup plus modestes, pour acquérir lesquelles, au moment où il croyait avoir terminé, il lui faut revenir sur ses pas, entreprendre de nouvelles études et faire de nouveaux efforts ; de là, après avoir été habitué à l'École polytechnique à considérer l'étude du calcul comme la plus importante, il arrive bien vite à accorder au contraire aux travaux graphiques une importance trop exclusive et à oublier même qu'à l'aide de calculs simples dépendant d'équations du second degré, on obtient souvent, au moins aussi exactement, plus expéditivement et surtout dans les tracés en grand plus commodément, les résultats qu'il s'obstine à ne demander qu'au dessin linéaire ou au trait. J'ai vu consacrer un temps et une peine considérables à tracer d'un mouvement continu un petit arc de 50 mètres de rayon, tandis qu'à l'aide du calcul de quelques ordonnées sur la corde, on serait arrivé à un résultat amplement suffisant, sans sortir du cabinet.

Cet exemple n'étonnera pas ceux qui ont eu occasion de rencontrer des ingénieurs ayant oublié la règle de l'extraction d'une racine carrée.

Mais d'autres causes contribuent aussi à l'effet dont je viens de parler. A l'École polytechnique, le calcul est presque uniquement consacré à l'examen des vérités abstraites ; si l'on donne l'équation d'une droite, d'un plan et d'une surface, ce n'est le plus souvent que pour démontrer quelque théorème ; on n'insiste nullement sur le plus ou moins d'utilité pratique de l'analyse en mettant les formules en nombres, de manière à comparer les résultats, tant sous le rapport de la précision que sous celui de la facilité ou de la difficulté de les obtenir, aux résultats de telle et telle construction graphique ; on ne s'attache pas à faire, pour ainsi dire, toucher du doigt la vérité qui peut résulter de cette comparaison. Il en résulte qu'en sortant des écoles, l'impression générale qu'on en emporte est que le calcul, plus ou moins curieux et intéressant par lui-même, n'est utile que dans les abstractions, et l'on assimile implicitement toute l'analyse sous ce rapport à la théorie des nombres. Or, c'est là un vice radical dans l'enseignement ; il serait important au contraire que l'élève sortant eût une idée bien nette de la valeur comparative du calcul et

du dessin géométral, qu'il eût pu reconnaître par lui-même que l'un et l'autre de ces
instruments peuvent avoir leurs avantages
comme aussi leurs défauts. S'il en
était ainsi, on ne verrait pas ceux en
bien petit nombre qui, quelques années
après leur sortie des écoles, se rappellent
encore avoir étudié l'analyse, vouloir l'appliquer à tort et à travers, ni ceux qui for-
ment la grande majorité crier haro sur les
signes même d'intégration ou de différen-
tiation. En d'autres termes, après avoir
passé par les écoles, on n'estime pas encore
à leur véritable valeur les résultats de l'analyse appliquée à telle ou telle branche de
nos connaissances; les uns leur accordent
une confiance téméraire parfois, tandis que
les autres affectent de les mépriser toujours,
même là où il serait possible d'en tirer bon
parti. Tout résultat théorique ne doit être
pris que pour ce qu'il est, ni plus ni moins,
et il y a là une appréciation que l'on pourrait enseigner à faire, du moins à mon avis.

Pour cela il suffira d'attacher le plus
grand soin à ne pas attribuer à telle ou telle
partie de la science, aux yeux des élèves, un
degré de perfection ou de certitude que

peut-être ne possédera-t-elle jamais, et d'insister sans cesse sur les limites parfois très-restreintes des applications dont elle est encore susceptible. Si l'on modifiait l'enseignement dans le sens que je viens d'indiquer, on ne demanderait pas au calcul plus qu'il ne peut encore donner, et réduit à sa valeur réelle, il rendrait cependant plus de services qu'il ne le fait aujourd'hui.

Une troisième cause contribue à maintenir l'antipathie qui existe à l'égard du calcul considéré comme instrument à la disposition des ingénieurs : dans les questions pratiques, en apparence les plus simples, on se trouve conduit le plus souvent à des expressions analytiques d'une grande complication, qui ne sont d'aucune utilité tant qu'on ne les réduit pas, par tel ou tel système d'approximation, à une forme plus simple. Les méthodes d'approximation sont généralement très-peu développées dans les cours de l'école polytechnique ; cependant, quoique les travaux des géomètres laissent encore considérablement à désirer sous ce rapport, en réunissant les méthodes éparses dans les ouvrages des maîtres, on pourrait, à mon avis, étendre notablement les applications réelles, et l'on rendrait ainsi à la science purement spéculative elle-même plus de services qu'on ne pourrait le penser au premier abord.

Pour préciser davantage mes idées, supposons qu'il s'agisse de l'analyse appliquée à la géométrie plane ou à trois dimensions.

Dans cette partie du cours de géométrie descriptive, il ne faudrait plus se borner à n'appliquer le calcul qu'à la démonstration des vérités abstraites; il faudrait s'attacher en outre à faire voir qu'il peut être aussi d'une utilité pratique, qu'il l'emporte même quelquefois, sous ce rapport, sur les procédés graphiques. L'analyse appliquée aurait ses exercices particuliers, ses épures; toutes les constructions se feraient à l'échelle par abeisse et ordonnée, c'est-à-dire par une opération graphique toujours la même. Si je parle d'épures d'analyse appliquée, ce n'est qu'après avoir vu le grand parti qu'un *appareilleur* distingué tirait des quelques connaissances d'analyse appliquée qu'il possédait.

Les élèves seraient ainsi exercés simultanément à l'analyse, au maniement des échelles, et, ce qui, à mon avis, est bien plus important, aux calculs numériques. On l'a souvent répété, après avoir passé par les écoles, les élèves savent différencier et intégrer, mais souvent ils ne savent pas encore faire une addition.

'L'expérience l'a amplement prouvé, les exercices numériques, dans les écoles d'application, ne suffisent pas pour donner à l'élève l'aptitude convenable pour vérifier, je dirai avec dignité, le travail d'un comptable ou d'un calculateur. Il est déplorable de voir encore les meilleurs ingénieurs faire vingt fois une addition de chiffres un peu nombreux, avant de pouvoir en répondre. Les exercices numériques doivent attirer d'autant plus l'attention à l'École polytechnique, que ce sont ceux pour lesquels les élèves manifestent le plus de répugnance, et que cette répugnance est l'une des principales causes de l'inexactitude, devenue proverbiale, des avant-métrés et devis estimatifs dressés par les ingénieurs.

Quant à l'enseignement de la physique et de la chimie, je me contenterai de rappeler une observation que j'ai déjà faite : les théories physiques et chimiques que l'on peut considérer comme certaines, s'il en existe, sont très-peu nombreuses. Dès lors, c'est nuire à la science elle-même, en écartant l'attention des points faibles, que de la présenter aux élèves avec un caractère qu'elle ne possède pas. C'est pourquoi je voudrais voir donner, dans les cours de physique et de chimie, une large part à une sage critique de la science. Cela est d'autant plus nécessaire, que de ces lois de la physique, par exemple, jadis si belles, et que l'on nous enseignait de façon à nous les faire admettre dans toute leur généralité, au moment même où les savants s'étudiaient à en démontrer l'inexactitude, il n'en reste plus aujourd'hui une seule que l'on ne doive considérer tout au plus que comme une première approximation dont les recherches modernes ont constaté l'insuffisance.

J'ajoute maintenant une réflexion relative à un détail de l'enseignement en général à l'École polytechnique. Une des qualités les plus précieuses de l'ingénieur accompli consiste dans cette ardeur incessante de l'imagination, qui lui permet de varier ses combinaisons à l'infini, d'aban-

donner sans regret celles qui ne lui con-
viennent pas et de passer de suite à la
recherche d'autres plus favorables. Pour
développer chez l'élève cette activité d'esprit dont il aura tant besoin plus tard, il
me paraît indispensable de le *forcer*, dès
le premier jour, à ne compter guère que
sur ses propres ressources intellectuelles,
et, pour atteindre ce but, je proscrirais, de
la façon la plus absolue, la distribution des
cours imprimés ou lithographiés, des modèles trop multipliés, etc., dont, à mon avis,
on a fait abus dans ces dernières années.
Qu'on le remarque bien, si, au moyen de
ces secours exagérés, on a pu obtenir des
examens plus forts à la sortie, ce n'a été
qu'aux dépens des services publics.

C'est ainsi que l'on voit un nombre beaucoup plus considérable de jeunes ingénieurs ne pouvant rédiger le projet le plus
simple qu'en s'entourant de documents pil-
lés dans une foule d'auteurs différents,
qu'ils n'auront peut-être pas toujours à
leur disposition ; les fragments de projets
pris ainsi, souvent littéralement, dans les
livres, ne sont ordinairement même pas
soudés ensemble, et le résultat définitif est

déplorable. S'il convient de faciliter les études dans une juste mesure, il ne faut pas non plus que ce soit au point de rendre complétement éphémères les traces qu'elles doivent laisser dans l'esprit. Les esprits lents ou paresseux, et c'est le plus grand nombre à l'École, ne sont que trop portés à imiter celui qui croirait savoir l'orthographe parce qu'il aurait un dictionnaire dans sa poche ; l'élève qui a la certitude qu'en sortant de l'amphithéâtre il trouvera sur sa table la leçon du professeur rédigée à l'avance, n'écoute plus, bâille, s'endort ou lit des romans, et l'enseignement oral serait entièrement supprimé, que les examens, à la sortie, ne s'en ressentiraient guère. Si l'on tenait absolument à ce que l'élève, en quittant l'École, pût emballer sa science dans sa malle, ce ne serait qu'à la sortie de son dernier examen qu'il conviendrait de lui délivrer les cours rédigés, les modèles gravés, etc.

On rencontre que trop souvent des exemples de l'effet fâcheux des facilités exagérées apportées aux études, et l'on peut même dire, en général, que les *aide-mémoire*, très-développés ou les plus commodes,

produisent presque toujours plus de mal
que de bien. N'ai-je pas vu un de nos plus
célèbres constructeurs de machines à va-
peur, homme assurément très-habile, tirer
une règle à calcul de sa poche pour faire le
produit de 6 par 8, en m'avouant qu'il y
était tellement habitué qu'il ne pouvait plus
s'en dispenser.

En résumé, l'enseignement à l'Ecole polytechnique, tout en lui conservant son
caractère scientifique, devrait être destiné,
selon moi, bien plus à préparer les élèves
à l'exercice journalier des fonctions qu'ils
auront à remplir un jour, qu'à traverser
honorablement quelques circonstances tout
à fait exceptionnelles qui, le plus souvent,
ne se présenteront même jamais dans le
cours de leur carrière. Je voudrais voir
appeler sans cesse l'attention des élèves sur
les difficultés qu'ils rencontreront plus tard
dans les divers services, et s'attacher surtout à détruire cette idée funeste, malheureusement trop répandue, qu'en sortant de
l'Ecole, ils sont propres à tout, tandis que,
par le fait et dans l'organisation actuelle
des études, ils ne sont encore propres à
rien. Il ne suffirait pas de simples conseils

à cet égard ; il faudrait, le plus possible, mettre les élèves en présence même de celles des difficultés dont je viens de parler, qui rentrent dans le cadre des connaissances qu'ils viennent acquérir à l'école. La réorganisation que l'on veut faire du cours de géométrie descriptive est une occasion favorable pour introduire des améliorations longtemps réclamées. Jamais l'enseignement scientifique à l'École n'a été à la hauteur où il est aujourd'hui, et les modifications demandées ne portent que sur ce que les savants de profession peuvent, avec raison, ne considérer que comme des misères, mais qui dans les services prend les proportions des difficultés les plus sérieuses. Qu'on y prenne garde : si l'École polytechnique devait périr un jour, comme institution, ce seront ces questions de détails, ces futilités qui la feront crouler. Lorsqu'on a eu occasion de connaître le fond de la pensée de certaines sommités administratives, lorsqu'on a entendu dire, en rappelant un mot devenu célèbre, que les œufs d'or de la poule ne sont, en définitive, que plaqués au procédé Ruoltz, il y a lieu à faire de sérieuses réflexions. Nul doute qu'en disputant le ter-

rain pied à pied, on ne parvienne à sauver
quelques articles d'un programme suranné,
mais on court risque de n'avoir plus d'école
où l'appliquer, car il faut bien s'en péné-
trer, si le mot terrible de *dissolution* a été
prononcé, il y aurait erreur grave à n'en
chercher le motif qu'uniquement dans des
questions politiques ou purement disci-
plinaires.

A. LAURENT,

Capitaine du génie.

Versailles, ce 10 septembre 1849.